		参与《さんよ》に任命《にんめい》される
一八六九	四十さい	版籍奉還《はんせきほうかん》をおこなう
一八七一	四十二さい	六月《がつ》、大蔵卿《おおくらきょう》となる 七月《がつ》、廃藩置県《はいはんちけん》をおこなう 十一月《がつ》、岩倉使節団《いわくらしせつだん》の副使《ふくし》として海外視察《かいがいしさつ》におもむく
一八七三	四十四さい	五月《がつ》、帰国《きこく》する 七月《がつ》、地租改正条例公布《ちそかいせいじょうれいこうふ》 十月《がつ》、明治《めいじ》六年《ねん》の政変《せいへん》。西郷隆盛《さいごうたかもり》や板垣退助《いたがきたいすけ》が失脚《しっきゃく》する 十一月《がつ》、内務省《ないむしょう》を設置《せっち》して内務卿《ないむきょう》となる
一八七四	四十五さい	佐賀《さが》の乱《らん》を鎮圧《ちんあつ》する
一八七七	四十八さい	二月《がつ》、西南戦争《せいなんせんそう》がおこる 八月《がつ》、第《だい》一回内国勧業博覧会《かいないこくかんぎょうはくらんかい》をひらく
一八七八	四十九さい	五月《がつ》十四日《か》、紀尾井坂《きおいざか》で暗殺《あんさつ》される

この本《ほん》について

『よんでしらべて時代《じだい》がわかるミネルヴァ日本《にほん》歴史《れきし》人物伝《じんぶつでん》』シリーズは、日本《にほん》の歴史上《れきしじょう》のおもな人物《じんぶつ》をとりあげています。

前半《ぜんはん》は史実《しじつ》をもとにした物語《ものがたり》になっています。有名《ゆうめい》なエピソードを中心《ちゅうしん》に、その人物《じんぶつ》の人生《じんせい》や人《ひと》がらなどを楽《たの》しく知《し》ることができます。

後半《こうはん》は解説《かいせつ》になっていて、人物《じんぶつ》だけでなく、その人物《じんぶつ》が生《い》きた時代《じだい》のことも紹介《しょうかい》しています。物《もの》語《がたり》をよんだあとに解説《かいせつ》をよめば、より深《ふか》く日本《にほん》の歴史《れきし》を知《し》ることができます。

歴史《れきし》は少《すこ》しにがてという人《ひと》でも、絵本《えほん》をよんで楽《たの》しく学《まな》ぶことができます。歴史《れきし》に興味《きょうみ》がある人《ひと》は、解説《かいせつ》をよむことで、さらに歴史《れきし》にくわしくなれます。

■解説《かいせつ》ページの見《み》かた

人物《じんぶつ》についてくわしく解説《かいせつ》するページと時代《じだい》について解説《かいせつ》するページがあります。

文中《ぶんちゅう》の青《あお》い文字《もじ》は、31ページの「用語解説《ようごかいせつ》」で解説《かいせつ》しています。

写真《しゃしん》や地図《ちず》など理解《りかい》を深《ふか》める資料《しりょう》をたくさんのせています。

「もっと知《し》りたい！」では、その人物《じんぶつ》にかかわる博物館《はくぶつかん》や場所《ばしょ》、本《ほん》などを紹介《しょうかい》しています。

「豆《まめ》ちしき」では、人物《じんぶつ》のエピソードや時代《じだい》にかんする基礎知識《きそちしき》などを紹介《しょうかい》しています。

よんで しらべて 時代がわかる
ミネルヴァ 日本歴史人物伝

近代国家の建設につくした政治家
大久保利通《おおくぼとしみち》

監修 安田常雄
文 西本鶏介
絵 篠崎三朗

もくじ

ミネルヴァ書房

国《くに》のために自分《じぶん》を捨《す》てた政治家《せいじか》

大久保利通《おおくぼとしみち》は子《こ》どものときの名《な》を正助《しょうすけ》といい、一八三〇年《ねん》（文政《ぶんせい》十三年《ねん》）、薩摩国鹿児《さつまのくにかご》島城下《しまじょうか》の下加治屋《しもかじや》で薩摩藩士《さつまはんし》・大久保利世《おおくぼとしよ》の長男《ちょうなん》として育《そだ》ちました。おなじ町《まち》で生《う》まれ、のちにライバルとなった西郷隆盛《さいごうたかもり》（吉之助《きちのすけ》）は、利通《としみち》より三つ年上《としうえ》です。

大久保家《おおくぼけ》は西郷家《さいごうけ》とおなじく、藩士《はんし》といっても最下級《さいかきゅう》の御小姓組《おこしょうぐみ》（藩主《はんしゅ》の雑用係《ざつようがかり》）に属《ぞく》していました。父《ちち》の利世《としよ》は琉球館《りゅうきゅうかん》（沖縄《おきなわ》の出《しゅっ》張所《ちょうじょ》）の役人《やくにん》をつとめ、子《こ》どものころから学《がく》問《もん》にすぐれていた利通《としみち》も、十七さいで藩《はん》の書《しょ》記見習《きみなら》いとなりました。

ところが、利通《としみち》が書記見習《しょきみなら》いとなって四年《ねん》後《ご》の一八五〇年《ねん》（嘉永《かえい》三年《ねん》）、突然《とつぜん》の不幸《ふこう》が大久保家《おおくぼけ》をおそいました。薩摩藩《さつまはん》のお家騒動《いえそうどう》にまきこまれ、利世《としよ》は追放処分《ついほうしょぶん》をうけて鬼界《きかい》島《じま》へながされ、利通《としみち》も役所《やくしょ》をやめさせられたのです。

その少《すこ》しまえ、薩摩藩《さつまはん》ではつぎの藩主《はんしゅ》をだれにするか、藩主《はんしゅ》・島津斉興《しまづなりおき》の長男《ちょうなん》で藩《はん》の改《かい》革《かく》をはかろうとする斉彬派《なりあきらは》と、母《はは》ちがいの弟《おとうと》で、これまでどおりの藩《はん》の政治《せいじ》をつづけようとする久光派《ひさみつは》のふたつにわかれて争《あらそ》われていました。

島津斉彬《しまづなりあきら》は名君《めいくん》のほまれが高《たか》く、豊《ゆた》かな知《ち》識《しき》をもち、世界情勢《せかいじょうせい》にもくわしく、若《わか》い藩士《はんし》たちの尊敬《そんけい》を集《あつ》めていました。このままではあとつぎが斉彬《なりあきら》になると思《おも》った久光派《ひさみつは》が先手《せんて》を打《う》って、斉彬派《なりあきらは》を追放《ついほう》しました。不幸《ふこう》にも利世《としよ》も斉彬派《なりあきらは》の藩士《はんし》として死罪《しざい》につぐ重《おも》い刑《けい》の島《しま》ながしにされてしまったのです。

それでなくても家計《かけい》の苦《くる》しかった大久保《おおくぼ》一《いっ》家《か》は、たちまち貧乏《びんぼう》のどん底《ぞこ》へつきおとされてしまいました。満足《まんぞく》に食事《しょくじ》のできない日《ひ》が何日《なんにち》もつづきました。仕事《しごと》をうしなった利通《としみち》は空腹《くうふく》をかかえたまま、読書《どくしょ》するしかありません。かりることのできる書物《しょもつ》はすべてよみつくし、独学《どくがく》で学問《がくもん》の修行《しゅぎょう》をつみました。

ゆいいつの楽《たの》しみは、ときどき利通《としみち》の家《いえ》へ集《あつ》まってくる仲間《なかま》たちと話《はな》しあうことでした。だれもがまずしい下級武士《かきゅうぶし》であっても、将来《しょうらい》は藩《はん》や国《くに》のために役《やく》だつ人物《じんぶつ》になりたいとねがっていました。

「幕府《ばくふ》のいいなりになって、いつまでも鎖国《さこく》をしているかぎり、日本《にほん》の未来《みらい》はない。」

「そのためにも、われわれは斉彬《なりあきら》さまのもとで、新《あたら》しい国《くに》づくりの努力《どりょく》をしなくてはいけない。」

集《あつ》まるたび、内外《ないがい》の政治《せいじ》について熱《ねっ》っぽく語《かた》りあい、藩《はん》に対《たい》する不満《ふまん》をぶつけあい、夜《よる》のふけるのもわすれるほどでした。いつとはなしにこの集《あつ》まりは精忠組《せいちゅうぐみ》とよばれ、やがて斉彬派《なりあきらは》の中心勢力《ちゅうしんせいりょく》となっていきます。

「それにしても腹《はら》がへるのう。目《め》がまわってたおれそうじゃ。」

利通《としみち》がつぶやきました。すると西郷吉之助《さいごうきちのすけ》がいいました。

「どうしてもがまんできんときは、昼《ひる》めしどきにわしの家《いえ》へきて、かってにおひつの飯《めし》をくえ。」

それ以来《いらい》、利通《としみち》は空腹《くうふく》にたえられなくなると、吉之助《きちのすけ》の家《いえ》へやってきて、無言《むごん》でおひつのごはんをよそって食《た》べ、無言《むごん》でもどっていきました。それでも西郷家《さいごうけ》の人《ひと》たちはなにもいわず、自分《じぶん》たちの食《た》べる量《りょう》をへらし、利通《としみち》のためにのこしておいてあげたそうです。

しかし、利通《としみち》がどん底《ぞこ》生活《せいかつ》から解放《かいほう》される日《ひ》は、意外《いがい》にもはやくやってきました。役所《やくしょ》をやめさせられてから三年《ねん》あまりで、書記見習《しょきみなら》いにもどることができました。薩《さつ》摩藩《まはん》のお家騒動《いえそうどう》を知《し》った幕府《ばくふ》の首席老中《しゅせきろうじゅう》がのりだしてきたからです。老中《ろうじゅう》はかねてから斉彬《なりあきら》の見識《けんしき》や政治《せいじ》能力《のうりょく》を高《たか》く買《か》っていて、斉興《なりおき》に対《たい》し、「はやく引退《いんたい》し、有能《ゆうのう》な斉彬《なりあきら》を藩主《はんしゅ》にするよう」と説得《せっとく》しました。幕府《ばくふ》の首席老中《しゅせきろうじゅう》のすすめとあってはことわることもできません。斉興《なりおき》はしかたなく斉《なり》彬《あきら》に藩主《はんしゅ》の座《ざ》をゆずることにしました。

斉彬《なりあきら》は、四十三さいでようやく二十八代《だい》目《め》の薩摩藩主《さつまはんしゅ》となりました。利通《としみち》の父《ちち》も罪《つみ》をゆるされ、藩《はん》の改革《かいかく》をめざす斉彬派《なりあきらは》の活《かつ》躍《やく》する時代《じだい》がやってきました。

「さあ、おれたちの出番《でばん》ぞ。斉彬《なりあきら》さまのもとで力《ちから》をあわせてがんばろう。」

精忠組《せいちゅうぐみ》の仲間《なかま》たちも手《て》をとりあってよろこびました。精忠組《せいちゅうぐみ》の期待《きたい》どおり、斉彬《なりあきら》はただちに薩摩藩《さつまはん》の改革《かいかく》に手《て》をつけました。洋学《ようがく》の研究所《けんきゅうしょ》をつくり、いろいろな産業《さんぎょう》を発展《はってん》させようとしましたが、斉彬《なりあきら》が藩主《はんしゅ》になってわずか七年後《ねんご》の一八五八年《ねん》（安政《あんせい》五年《ねん》）、突然《とつぜん》、病死《びょうし》しました。そこで久光《ひさみつ》の長男《ちょうなん》・忠義《ただよし》が藩主《はんしゅ》となり、久光《ひさみつ》が国父《こくふ》（藩主《はんしゅ》の父《ちち》）として実権《じっけん》をにぎりました。ふたたび活気《かっき》のない藩政《はんせい》にもどったばかりか、利通《としみち》や隆盛《たかもり》たちの精忠組《せいちゅうぐみ》は藩主反対派《はんしゅはんたいは》としてにらまれるようになりました。

「新《あたら》しい国《くに》づくりのために、藩《はん》をとびだしてたたかうべきだ。」

という過激《かげき》な仲間《なかま》もいましたが、利通《としみち》はどこまでも冷静《れいせい》でした。藩政《はんせい》に反対《はんたい》するより、自分《じぶん》たちののぞむ藩政《はんせい》にかえさせればいいと考《かんが》えたのです。

（本当《ほんとう》の権力《けんりょく》をもっているのは久光《ひさみつ》さまだ。思《おも》いきって久光《ひさみつ》さまにあって話《はな》そう。）

利通《としみち》は覚悟《かくご》を決《き》めました。しかし、身分《みぶん》の低《ひく》い藩士《はんし》が国父《こくふ》にあうなんて、無理《むり》な相談《そうだん》です。久光《ひさみつ》が囲碁好《いごず》きだとわかると、その相手《あいて》の住職《じゅうしょく》のところへ囲碁《いご》をならいに行《い》き、久光《ひさみつ》にあうチャンスをまちました。

そんな努力《どりょく》が実《みの》り、利通《としみち》はやがて久光《ひさみつ》との接触《せっしょく》に成功《せいこう》しました。

久光《ひさみつ》は本当《ほんとう》は兄《あに》・斉彬《なりあきら》の遺志《いし》をついで藩《はん》を革新《かくしん》し、幕府《ばくふ》でも活躍《かつやく》したいと考《かんが》えていました。その思《おも》いを知《し》った利通《としみち》は、精忠組《せいちゅうぐみ》を久光《ひさみつ》の親衛隊《しんえいたい》にしようと考《かんが》えました。利通《としみち》は久光《ひさみつ》の反応《はんのう》をさぐるように、わざと精忠組《せいちゅうぐみ》の動《うご》きを話《はな》しました。

「仲間《なかま》は藩《はん》を出《で》て、過激《かげき》な行動《こうどう》にはしろうとしています。藩主《はんしゅ》が斉彬様《なりあきらさま》の御遺志《ごいし》をだいじにしているとわかれば、かならず忠節《ちゅうせつ》をつくすはずです。」

久光《ひさみつ》は大《おお》きくうなずきました。

「わかった。余《よ》も精忠組《せいちゅうぐみ》をみかたとしたい。」

「では、それをしめすものをいただきとうございます。」

すると、まもなく久光直筆《ひさみつじきひつ》の書状《しょじょう》が精忠組《せいちゅうぐみ》にあたえられました。そこには、

「いまは世《よ》の動揺《どうよう》がはげしいときである。万一《まんいち》、時変《じへん》がおきたときは兄《あに》・斉彬《なりあきら》の遺志《いし》をつらぬき、藩《はん》をあげて忠勤《ちゅうきん》をつくすつもりである。みんなもこれを心得《こころえ》、余《よ》のいたらぬところを助《たす》け、忠誠《ちゅうせい》をつくしてくれ。」

と、かいてありました。国父《こくふ》がこんな書状《しょじょう》をかくなんてことはめったになく、精忠組《せいちゅうぐみ》のだれもが感動《かんどう》して、藩《はん》につくすことを約束《やくそく》しました。

失敗《しっぱい》をすれば腹《はら》をきる覚悟《かくご》でいた利通《としみち》は、ほっと胸《むね》をなでおろし、これで薩摩藩《さつまはん》も生《う》まれかわれると確信《かくしん》しました。このとき、利通《としみち》は三十さい。そして翌年《よくとし》の一八六〇年《ねん》（万延《まんえん》元年《がんねん》）、勘定方小頭《かんじょうがたこがしら》を皮《かわ》きりに、つぎつぎと出世《しゅっせ》し、藩《はん》の中心人物《ちゅうしんじんぶつ》として幕府《ばくふ》の政治《せいじ》にまでかかわるようになったのです。

一八六七年《ねん》（慶応《けいおう》三年《ねん》）、利通《としみち》や西郷隆盛《さいごうたかもり》の活躍《かつやく》で、江戸幕府《えどばくふ》はたおされ、明治天皇《めいじてんのう》を中心《ちゅうしん》とする新政府《しんせいふ》が生《う》まれました。新政府《しんせいふ》の高官《こうかん》となった利通《としみち》はその二年後《ねんご》、これまでの藩体制《はんたいせい》にかわる版籍奉還《はんせきほうかん》の仕事《しごと》にとりくみました。各国《かっこく》の藩主《はんしゅ》から版《はん》（土地《とち》）と籍《せき》（人民《じんみん》）を朝廷《ちょうてい》に返《かえ》させ、維新国家《いしんこっか》の中央集権化《ちゅうおうしゅうけんか》をはかったのです。つづいて一八七一年《ねん》（明治《めいじ》四年《ねん》）には、二六一の藩《はん》をなくし、全国《ぜんこく》を三府《ぶ》三〇二県《けん》にわける廃藩置県《はいはんちけん》をおこないました。一度《いちど》こうと決《き》めたら、どんな困難《こんなん》ものりこえ、しかも柔軟《じゅうなん》にたちむかうのが利通《としみち》のやりかたで、その実力《じつりょく》はだれもがみとめるところでした。

料金受取人払郵便

山科支店承認

99

差出有効期間
平成26年11月
20日まで

郵便はがき

6 0 7 - 8 7 9 0

(受　取　人)

京都市山科区
日ノ岡堤谷町1番地

ミネルヴァ書房
読者アンケート係 行

◆ 以下のアンケートにお答え下さい。

お求めの
書店名＿＿＿＿＿＿＿＿市区町村＿＿＿＿＿＿＿＿＿＿＿＿＿＿書店

＊ この本をどのようにしてお知りになりましたか？　以下の中から選び、3つまで○をお付け下さい。

A.広告（　　　　）を見て　B.店頭で見て　C.知人·友人の薦め
D.著者ファン　E.図書館で借りて　F.教科書として
G.ミネルヴァ書房図書目録　H.ミネルヴァ通信
I.書評（　　　　）をみて　J.講演会など　K.テレビ·ラジオ
L.出版ダイジェスト　M.これから出る本　N.他の本を読んで
O.DM　P.ホームページ（　　　　　　　　）をみて
Q.書店の案内で　R.その他（　　　　　　　　）

書　名　お買上の本のタイトルをご記入下さい。

◆ 上記の本に関するご感想、またはご意見・ご希望などお書き下さい。
「ミネルヴァ通信」での採用分には図書券を贈呈いたします。

◆ よく読む分野（ご専門）について、3つまで○をお付け下さい。

1. 哲学・思想　2. 宗教　3. 歴史・地理　4. 政治・法律
5. 経済　6. 経営　7. 教育　8. 心理　9. 社会福祉
10. 高齢者問題　11. 女性・生活科学　12. 社会学　13. 文学・評論
14. 医学・家庭医学　15. 自然科学　16. その他（　　　　）

〒 ご住所	Tel　（　　　）	
お名前《ふりがな》	年齢 歳	性別 男・女
ご職業・学校名 （所属・専門）		
Eメール		

ミネルヴァ書房ホームページ　http://www.minervashobo.co.jp/

　その年《とし》の十一月《がつ》に、欧米派遣全権大使《おうべいはけんぜんけんたいし》・岩倉具視《いわくらともみ》の全権副使《ぜんけんふくし》として横浜《よこはま》を出発《しゅっぱつ》し、アメリカをはじめ、イギリス、フランス、ベルギー、オランダ、ドイツ、ロシア、イタリア、東欧《とうおう》、北欧《ほくおう》などをおとずれ、一年後《ねんご》の一八七三年《ねん》（明治六年《めいじねん》）五月《がつ》に帰国《きこく》しました。利通《としみち》は使節団《しせつだん》の任務《にんむ》よりも海外《かいがい》の進《すす》んだ国《くに》を自分《じぶん》の眼《め》で見《み》ておきたかったのです。そのすぐれた国《くに》づくりを見《み》て、日本《にほん》の産業《さんぎょう》をさかんにし、世界《せかい》に負《ま》けない強《つよ》い国《くに》にしたいと思《おも》いました。

　ところが、日本《にほん》へもどってすぐ、国内《こくない》はたいへんなことになりました。七月《がつ》に公布《こうふ》された「地租《ちそ》（土地《とち》の税金《ぜいきん》）改正条例《かいせいじょうれい》」に反対《はんたい》する農民一揆《のうみんいっき》や、藩《はん》をうしなって生活《せいかつ》できなくなった士族《しぞく》たちの反乱《はんらん》が、各地《かくち》でおきたのです。

利通《としみち》がいないあいだの政府《せいふ》をあずかっていた西郷隆盛《さいごうたかもり》は、士族《しぞく》（もと武士《ぶし》）たちの不満《ふまん》をおさえるため韓国《かんこく》に兵《へい》をおくろうと考《かんが》えました。これを「征韓論《せいかんろん》」といいます。ところがそれを知《し》った利通《としみち》は、おこりました。

「韓国《かんこく》をせめるなんてとんでもない。いまは国《くに》の政治《せいじ》や産業《さんぎょう》に力《ちから》をそそぐべきだ。」

「ならば、士族《しぞく》たちの不満《ふまん》はどうする。かれらがもっと大《おお》きな反乱《はんらん》をおこせばたいへんなことになる。」

はげしくいいあらそった結果《けっか》、隆盛《たかもり》は政府《せいふ》をさり、鹿児島《かごしま》へ帰《かえ》ってしまいました。たよりになる先輩《せんぱい》、よきライバルとして今日《きょう》までいっしょに国《くに》のためにはたらいてきたのに、なかたがいするとは。しかし、友情《ゆうじょう》のために国《くに》の政治《せいじ》をかえるわけにはいきません。

一八七三年《ねん》（明治《めいじ》六年《ねん》）、文字《もじ》どおり政府《せいふ》の大黒柱《だいこくばしら》である内務卿《ないむきょう》（いまの総理大臣《そうりだいじん》にあたる地位《ちい》）となった利通《としみち》は、政府《せいふ》の役人《やくにん》たちのまえできっぱりといいました。

「たとえ竹馬《ちくば》の友《とも》であろうとも、私《わたし》の政治《せいじ》信《しん》念《ねん》にしたがって対決《たいけつ》する。」

そして一八七七年《ねん》（明治《めいじ》十年《ねん》）、隆盛《たかもり》は鹿《か》児島《ごしま》の若《わか》い士族《しぞく》たちのために西南戦争《せいなんせんそう》をおこし、利通《としみち》の政府軍《せいふぐん》と戦《たたか》ってやぶれ、最後《さいご》は戦《せん》場《じょう》でみずからいのちをたちました。

もはや利通《としみち》の方針《ほうしん》にさからう者《もの》はいませんでした。独裁者《どくさいしゃ》といわれても、ひたすら日本《にほん》の近代国家確立《きんだいこっかかくりつ》の道《みち》を歩《あゆ》みつづけました。しかし、こんな利通《としみち》に対《たい》して、生《い》きる道《みち》をうしなった士族《しぞく》たちの不満《ふまん》は高《たか》まるばかりです。

翌年《よくとし》の五月《がつ》、利通《としみち》はいつものように馬車《ばしゃ》で役所《やくしょ》にむかうとちゅう、東京《とうきょう》の紀尾井坂《きおいざか》で、石川県《いしかわけん》の士族《しぞく》六人《にん》におそわれ、きり殺《ころ》されました。まだ四十九さいのはたらきざかりでした。

利通《としみち》は国家《こっか》のためという信念《しんねん》のもとに自分《じぶん》をすててがんばった政治家《せいじか》です。けっしていばることなく、部下《ぶか》を「さん」づけでよび、すぐれた意見《いけん》には耳《みみ》をかたむけ、納得《なっとく》すれば、「責任《せきにん》はすべて私《わたし》がもつ」といって、その意《い》見《けん》をとりいれたそうです。

大久保利通《おおくぼとしみち》ってどんな人《ひと》？

幕末《ばくまつ》から明治時代《めいじじだい》にかけて活躍《かつやく》した大久保利通《おおくぼとしみち》は、どんな人物《じんぶつ》だったのでしょうか。

まずしかった青年時代《せいねんじだい》

大久保利通《おおくぼとしみち》は一八三〇年《ねん》（文政《ぶんせい》十三年《ねん》）八月《がつ》十日《か》、薩摩国《さつまのくに》（いまの鹿児島県《かごしまけん》）で、琉球館《りゅうきゅうかん》（鹿児島《かごしま》にあった沖縄《おきなわ》の出張所《しゅっちょうじょ》）につとめる薩摩藩士《さつまはんし》・大久保利世《おおくぼとしよ》の長男《ちょうなん》として生《う》まれました。三さい年上《としうえ》のおさななじみに西郷隆盛《さいごうたかもり》↓29ページがいました。

父親《ちちおや》が最下級《さいかきゅう》の藩士《はんし》だったために、大久保家《おおくぼけ》は貧《まず》しいくらしでしたが、藩校《はんこう》での成績《せいせき》が優秀《ゆうしゅう》だった利通《としみち》は、一八四六年《ねん》（弘化《こうか》三年《ねん》）から藩《はん》の記録所《きろくしょ》につとめはじめました。

このころ薩摩藩主《さつまはんしゅ》・島津斉興《しまづなりおき》の長男《ちょうなん》・島津斉彬《しまづなりあきら》と、母《はは》ちがいの弟《おとうと》・久光《ひさみつ》↓29ページとのあいだではげしいあとつぎ争《あらそ》いがおこり、藩内《はんない》は斉彬《なりあきら》派《は》と久光派《ひさみつは》に、まっぷたつに割《わ》れました。一八五〇年《ねん》（嘉永《かえい》三年《ねん》）には斉彬《なりあきら》派《は》の家臣《かしん》がきびしく弾圧《だんあつ》されてさわぎとなりました（お由羅騒動《ゆらそうどう》）。斉彬派《なりあきらは》だった利世《としよ》は鬼界島《きかいじま》へながされ、利通《としみち》も謹慎《きんしん》となりました。

赤《あか》いかべの建物《たてもの》が鹿児島城《かごしまじょう》の東南《とうなん》にあった琉球館《りゅうきゅうかん》。ここで琉球《りゅうきゅう》との交流《こうりゅう》がさかんにおこなわれた。（写真提供《しゃしんていきょう》：国立国会図書館《こくりつこっかいとしょかん》）

1830～1878年《ねん》

大久保利通《おおくぼとしみち》の前《まえ》では、だれもが緊張《きんちょう》するといわれるほど、威厳《いげん》にあふれていたとつたわる。（国立国会図書館所蔵《こくりつこっかいとしょかんしょぞう》）

大久保家《おおくぼけ》はさらにまずしくなりました。仕事《しごと》をうしなった利通《としみち》は、あいた時間《じかん》で学問《がくもん》にはげみ、藩《はん》の政治《せいじ》や、書物《しょもつ》などについて下級藩士《かきゅうはんし》の仲間《なかま》たちとさかんに議論《ぎろん》をしました。このときの仲間《なかま》が、のちに尊王攘夷派《そんのうじょういは》として薩摩藩《さつまはん》で活躍《かつやく》する精忠組《せいちゅうぐみ》となります。親友《しんゆう》の隆盛《たかもり》に助《たす》けられながら、利通《としみち》は苦《くる》しい生活《せいかつ》にたえました。

薩摩藩《さつまはん》の中心人物《ちゅうしんじんぶつ》に

一八五一年《ねん》（嘉永《かえい》四年《ねん》）、江戸幕府《えどばくふ》の老中《ろうじゅう》・阿部正弘《あべまさひろ》のはからいで、島津斉彬《しまづなりあきら》が藩主《はんしゅ》の座《ざ》につき、やがて利通《としみち》も記録所《きろくしょ》にもどることができました。

斉彬《なりあきら》は西洋《せいよう》の知識《ちしき》や技術《ぎじゅつ》を積極的《せっきょくてき》にとりいれ、藩《はん》の改革《かいかく》を進《すす》めました。また、幕府《ばくふ》の政治《せいじ》にも加《くわ》わりました。西郷隆盛《さいごうたかもり》や利通《としみち》が斉彬《なりあきら》にとりたてられ、精忠組《せいちゅうぐみ》の活動《かつどう》も活発《かっぱつ》になりました。

一八五八年《ねん》（安政《あんせい》五年《ねん》）に斉彬《なりあきら》が急死《きゅうし》しました。すると、斉彬《なりあきら》らと対立《たいりつ》していた江戸幕府大老《えどばくふたいろう》・井伊直弼《いいなおすけ》による尊王攘夷派《そんのうじょういは》の弾圧《だんあつ》がきびしくなり、西郷隆盛《さいごうたかもり》も幕府《ばくふ》から追《お》われました。

名君《めいくん》とうたわれた島津斉彬《しまづなりあきら》。西《さい》郷隆盛《ごうたかもり》が右腕《みぎうで》としてつかえた。（尚古集成館所蔵《しょうこしゅうせいかんしょぞう》）

このころ利通《としみち》は、薩摩藩《さつまはん》で新藩主《しんはんしゅ》となった島津忠義《しまづただよし》の父《ちち》・久光《ひさみつ》に近《ちか》づきます。藩《はん》の実権《じっけん》は久光《ひさみつ》がにぎっていたのです。久光《ひさみつ》は兄《あに》・斉彬《なりあきら》のやり方《かた》をひきつぎ、**公武合体《こうぶがったい》**を進《すす》めようと考《かんが》えていました。利通《としみち》がはたらきかけると、久光《ひさみつ》は利通《としみち》と精忠組《せいちゅうぐみ》をとりたてました。やがて利通《としみち》は久光《ひさみつ》の側近《そっきん》となり、奄美《あまみ》大島《おおしま》に流罪《るざい》になっていた隆盛《たかもり》と久光《ひさみつ》のあいだもとりもちました。

久光《ひさみつ》の心《こころ》をつかむためにはじめた囲碁《いご》だったが、利通《としみち》はその後《ご》も碁《ご》を楽《たの》しんだという。（鹿児島県歴史資料《かごしまけんれきししりょう》センター黎《れい》明館所蔵《めいかんしょぞう》）

倒幕運動《とうばくうんどう》で活躍《かつやく》

公武合体派《こうぶがったいは》として、国内《こくない》で存在感《そんざいかん》を高《たか》めていく久光《ひさみつ》とともに、利通《としみち》も交渉《こうしょう》役《やく》として幕府《ばくふ》や朝廷《ちょうてい》で知《し》られるようになりました。ところが、世間《せけん》では長州《ちょうしゅう》藩《はん》（いまの山口県《やまぐちけん》）を筆頭《ひっとう》にして、倒《とう》幕《ばく》の動《うご》きが大《おお》きくなりました。自分《じぶん》たちの都合《つごう》しか考《かんが》えていない幕府《ばくふ》に失望《しつぼう》して、しだいに利通《としみち》も武力《ぶりょく》での倒幕《とうばく》をめざすようになります。

一八六七年《ねん》（慶応《けいおう》三年《ねん》）十月《がつ》十三日《にち》、利通《としみち》は長州藩《ちょうしゅうはん》とともに朝廷《ちょうてい》から討《とう》幕《ばく》の密勅《みっちょく》（朝廷《ちょうてい》がひそかに出《だ》した倒幕《とうばく》の命令《めいれい》）を引《ひ》きだすことに成功《せいこう》しました。しかしこの日《ひ》、将軍《しょうぐん》・徳川慶喜《とくがわよしのぶ》が大政奉還《たいせいほうかん》をしたため、幕府《ばくふ》をうつ理由《りゆう》がなくなりました。さらに同年《どうねん》十二月《がつ》九日《か》、王政復古《おうせいふっこ》の大号令《だいごうれい》で江戸幕府《えどばくふ》は終《お》わりをつげました。

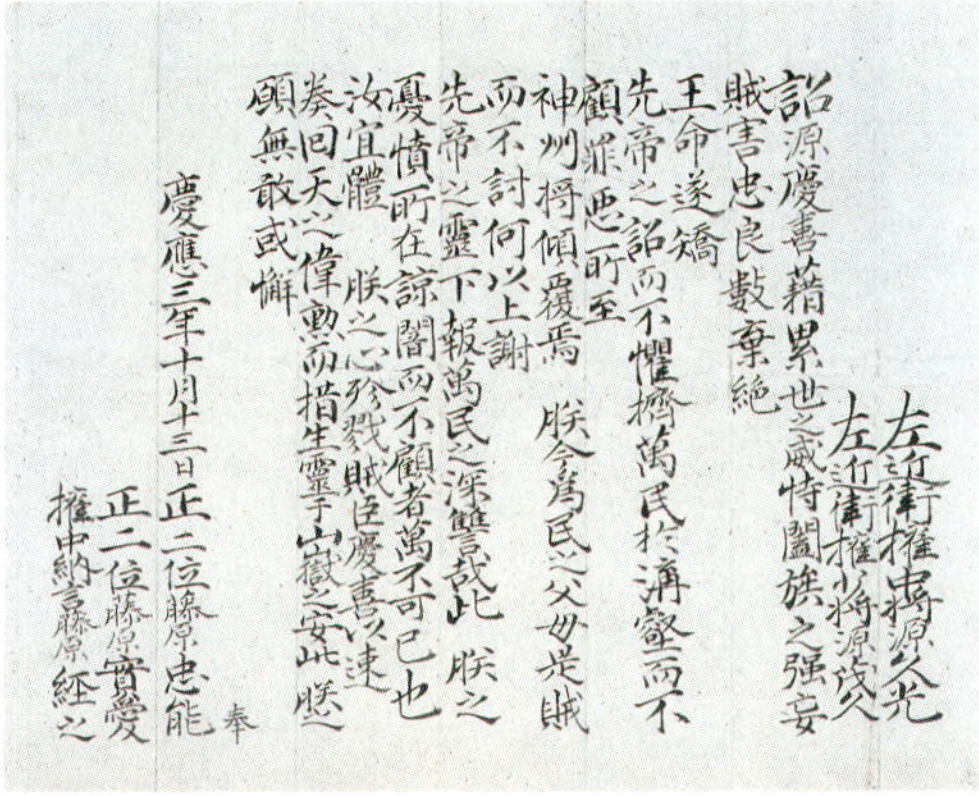

詔源慶喜藉累世之威恃闔族之強妄
賊害忠良數棄絶
王命遂矯
先帝之詔而不懼擠萬民於溝壑而不
顧罪悪所至
神州将傾覆焉　朕今為民之父母是賊
而不討何以上謝
先帝之霊下報萬民之深讐哉此　朕之
憂憤所在諒闇而不顧者萬不可已也
汝宜體　朕之心殄戮賊臣慶喜以速
奏回天之偉勲而措生霊于山嶽之安此　朕之
願無敢或懈
慶應三年十月十三日　正二位藤原忠能　奉
正二位藤原實愛
權中納言藤原經之
左近衛権中将源久光
左近衛権少将源茂久

朝廷《ちょうてい》が出《だ》した討幕《とうばく》の密勅《みっちょく》。「国《くに》のために、徳川幕《とくがわばく》府《ふ》をほろぼすように」とかかれている。（玉里島《たまさとしま》津家所蔵《づけしょぞう》　鹿児島県歴史資料《かごしまけんれきししりょう》センター黎明館保管《れいめいかんほかん》）

明治新政府《めいじしんせいふ》の一員《いちいん》として

王政復古《おうせいふっこ》の大号令《だいごうれい》で将軍職《しょうぐんしょく》がなくなると、政治《せいじ》をおこなう明治政府内《めいじせいふない》に、総裁《そうさい》、議定《ぎじょう》、参与《さんよ》の役職《やくしょく》ができ、利通《としみち》は参与《さんよ》となりました。そして一八六九年《ねん》（明治《めいじ》二年《ねん》）に版籍奉還《はんせきほうかん》、一八七一年《ねん》（明治《めいじ》四年《ねん》）に廃藩置県《はいはんちけん》をおこない、中央集権《ちゅうおうしゅうけん》の体制《たいせい》を整《ととの》えました↓26ページ。

欧米周遊中《おうべいしゅうゆうちゅう》、使節団《しせつだん》が見《み》たウィーン万国博覧会《ばんこくはくらんかい》。ここから利通《としみち》は内国勧業博覧会《ないこくかんぎょうはくらんかい》を思《おも》いついた。
（米欧回覧実記《べいおうかいらんじっき》「維納万国博覧会ノ中堂《ウィーンばんこくはくらんかいのちゅうどう》」国際日本文化《こくさいにほんぶんか》研究《けんきゅう》センター所蔵《しょぞう》）

一八七一年《ねん》には岩倉具視《いわくらともみ》↓29ページを中心《ちゅうしん》に岩倉使節団《いわくらしせつだん》が結成《けっせい》され、海外《かいがい》を視察《しさつ》しました。目的《もくてき》は江戸時代末期《えどじだいまっき》に各国《かっこく》とむすんだ、不利《ふり》な条約《じょうやく》の改正《かいせい》でした。大蔵卿《おおくらきょう》（いまの財務大臣《ざいむだいじん》）となった利通《としみち》も参加《さんか》し、アメリカやヨーロッパをまわりました。外国《がいこく》の進《すす》んだ産業《さんぎょう》や政治《せいじ》を目《ま》のあたりにして、利通《としみち》たちは海外《かいがい》の大国《たいこく》と対等《たいとう》になるために、国力《こくりょく》を強《つよ》める必要《ひつよう》を痛感《つうかん》しました。

岩倉使節団《いわくらしせつだん》のおもな５人《にん》。左《ひだり》から木戸孝允《きどたかよし》、山口尚芳《やまぐちなおよし》、岩倉具視《いわくらともみ》、伊藤博文《いとうひろぶみ》、大久保利通《おおくぼとしみち》。
（山口県光市伊藤公資料館所蔵《やまぐちけんひかりしいとうこうしりょうかんしょぞう》）

征韓論争《せいかんろんそう》

使節団《しせつだん》で多《おお》くの政府《せいふ》の重要人物《じゅうようじんぶつ》が国《くに》を離《はな》れたため、留守《るす》をあずかる政府《せいふ》（留守政府《るすせいふ》）ができました。留守政府《るすせいふ》には新《あたら》しいことを決《き》める権限《けんげん》はありませんでしたが、**学制《がくせい》**や**徴兵令《ちょうへいれい》**の制定《せいてい》、司法制度《しほうせいど》の確立《かくりつ》をはじめ、さまざまな改革《かいかく》をおしすすめました。

しかし、一八七三年《ねん》（明治《めいじ》六年《ねん》）に利通《としみち》たちが帰国《きこく》すると、朝鮮《ちょうせん》との外交《がいこう》問題《もんだい》がもちあがっていました。国交《こっこう》をむすびたい日本《にほん》に対《たい》し、朝鮮《ちょうせん》はかたくなに鎖国《さこく》をとこうとしませんでした。そこで、留守政府内《るすせいふない》から武力《ぶりょく》で圧力《あつりょく》をかけようという声《こえ》があがり（征韓論《せいかんろん》）、まず西郷隆盛《さいごうたかもり》を交渉役《こうしょうやく》として朝鮮《ちょうせん》へ派《は》遣《けん》することになっていました。

しかし、帰国《きこく》した岩倉具視《いわくらともみ》や利通《としみち》た

ちは隆盛《たかもり》の派遣《はけん》には反対《はんたい》でした。征韓《せいかん》論《ろん》をめぐって政府《せいふ》は大《おお》きくゆれましたが、隆盛《たかもり》や征韓論《せいかんろん》を支持《しじ》していた板垣《いたがき》退助《たいすけ》が論戦《ろんせん》にやぶれ、政府《せいふ》をやめていきました（明治《めいじ》六年《ねん》の政変《せいへん》）。

征韓論《せいかんろん》をめぐって激論《げきろん》がかわされた閣議《かくぎ》のようす。（写真提供《しゃしんていきょう》：国立国会図書館《こくりつこっかいとしょかん》）

襲撃《しゅうげき》された内務卿《ないむきょう》

政変《せいへん》とおなじ年《とし》の十一月《がつ》には内務省《ないむしょう》が新《あら》たに設置《せっち》され、利通《としみち》は内務卿《ないむきょう》となりました。利通《としみち》は政府内《せいふない》での大《おお》きな権力《けんりょく》をもつことになりました。

一方《いっぽう》で、幕府《ばくふ》や藩《はん》につかえていた士《し》族《ぞく》たちの多《おお》くは職《しょく》をうしない、不満《ふまん》をかかえていました。一八七四年《ねん》（明治《めいじ》七年《ねん》）、明治《めいじ》六年《ねん》の政変《せいへん》で政府《せいふ》をさった江藤新平《えとうしんぺい》らが佐賀《さが》の乱《らん》をおこすと、九州《きゅうしゅう》などで士族《しぞく》による反乱《はんらん》がおきるようになりました。一八七七年《ねん》（明治《めいじ》十年《ねん》）、西郷隆盛《さいごうたかもり》と鹿児島《かごしま》の青年《せいねん》士族《しぞく》たちが西南戦争《せいなんせんそう》をおこしましたが、政府《せいふ》軍《ぐん》にやぶれ、隆盛《たかもり》は自決《じけつ》しました。

ひとりで政府《せいふ》の実権《じっけん》をにぎった利通《としみち》は、士族《しぞく》たちのにくしみの的《まと》となりました。一八七八年《ねん》（明治《めいじ》十一年《ねん》）五月《がつ》十四日《か》、馬車《ばしゃ》で赤坂《あかさか》へむかうとちゅうの紀尾井坂《きおいざか》で、利通《としみち》は士族《しぞく》たちに暗殺《あんさつ》されました。四十九さいでした。

フランスの新聞《しんぶん》『ル・モンド』に掲載《けいさい》された西南戦争《せいなんせんそう》のようす。
西郷隆盛《さいごうたかもり》（中央《ちゅうおう》）とその幹部《かんぶ》たちがかかれている。

豆《まめ》ちしき

大久保利通《おおくぼとしみち》の人《ひと》から

大《おお》久保利通《くぼとしみち》は、おさななじみの西郷《さいごう》隆盛《たかもり》を死《し》なせた冷《つめ》たい人間《にんげん》ともいわれます。しかし、新《あたら》しい国《くに》をつくるという信念《しんねん》をつらぬいた利通《としみち》のおかげで、日本《にほん》には近代的《きんだいてき》な政治体制《せいじたいせい》ができました。利通《としみち》の遺産《いさん》は多《おお》くなく、むしろ、国庫《こっこ》をおぎなうためにした借金《しゃっきん》が八千円《せんえん》（いまの二億四千万円《おくせんまんえん》ほど）もありました。利通は自分の欲をすてて、国《くに》につくした政治家《せいじか》だったのです。

大久保利通《おおくぼとしみち》がたずさわった政策《せいさく》

初期《しょき》の明治政府《めいじせいふ》で大久保利通《おおくぼとしみち》がおこなった代表的《だいひょうてき》な政策《せいさく》を見《み》てみましょう。

版籍奉還《はんせきほうかん》・廃藩置県《はいはんちけん》

日本全国《にほんぜんこく》を直接《ちょくせつ》おさめるため、大久《おおく》保利通《ぼとしみち》は木戸孝允《きどたかよし》↓29ページらと、版籍《はんせき》奉還《ほうかん》と廃藩置県《はいはんちけん》をおこないました。

版籍奉還《はんせきほうかん》は、土地《とち》（版《はん》）と人民《じんみん》（籍《せき》）を藩主《はんしゅ》から朝廷支配下《ちょうていしはいか》へともどす改革《かいかく》でした。しかし、藩主《はんしゅ》らが知藩事《ちはんじ》として藩《はん》の統治《とうち》をつづけたため、中央集権《ちゅうおうしゅうけん》を強化《きょうか》するために、廃藩置県《はいはんちけん》をおこないました。地方《ちほう》は三府《ぶ》三百《びゃく》二県《けん》（のちに三府《ぶ》七十二県《けん》）となり、知藩事《ちはんじ》は華族《かぞく》（明治《めいじ》の貴族階級《きぞくかいきゅう》）として東京《とうきょう》に移住《いじゅう》させられました。地方《ちほう》には、府知事《ふちじ》や県令《けんれい》（のちの県知事《けんちじ》）が中央政府《ちゅうおうせいふ》から派遣《はけん》されました。廃藩置県《はいはんちけん》は利通《としみち》らをはじめとする一部《いちぶ》の人間《にんげん》のみで決定《けってい》されたため、知藩事《ちはんじ》たちだけでなく、政府《せいふ》内《ない》の人《ひと》びとにも衝撃《しょうげき》をあたえました。

地租改正《ちそかいせい》

江戸時代《えどじだい》、幕府《ばくふ》の財源《ざいげん》は年貢《ねんぐ》（税《ぜい》）としておさめられる米《こめ》でした。しかし、税収高《ぜいしゅうだか》は収穫量《しゅうかくりょう》によって毎年《まいとし》かわったので、財源《ざいげん》としては不安定《ふあんてい》でした。そこで、明治政府《めいじせいふ》は税制度《ぜいせいど》の改革《かいかく》をおこないました。利通《としみち》らは、いままで禁止《きんし》されていた土地売買《とちばいばい》を自由《じゆう》にするなどの改革《かいかく》をおこない、土地《とち》の所有者《しょゆうしゃ》に地《ち》券《けん》を交付《こうふ》しました。

そして一八七三年《ねん》（明治《めいじ》六年《ねん》）に公《こう》布《ふ》された地租改正条例《ちそかいせいじょうれい》で、所有《しょゆう》する土《と》地《ち》の地価《ちか》の三パーセントを地租《ちそ》（税《ぜい》）としてお金《かね》で国《くに》におさめることを定《さだ》めました。改正後《かいせいご》は税収《ぜいしゅう》が安定《あんてい》しましたが、従来《じゅうらい》の年貢《ねんぐ》による税収《ぜいしゅう》を減《へ》らさないように、地価《ちか》が高《たか》めに設定《せってい》されたため、不満《ふまん》に思《おも》った農民《のうみん》による地租改正《ちそかいせい》反対一揆《はんたいいっき》が各地《かくち》でおこりました。その後《ご》、地価《ちか》が見直《みなお》されて、地租《ちそ》は二・五パーセントと低《ひく》くなりました。

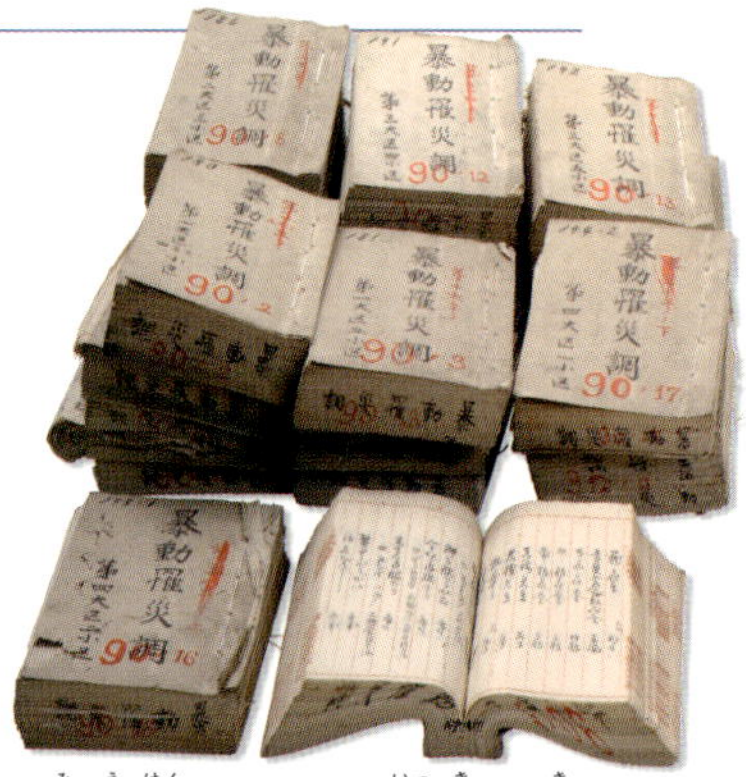

三重県《みえけん》でおきた一揆《いっき》の記《き》録《ろく》。地租改正《ちそかいせい》で苦《くる》しくなった農民《のうみん》による一揆《いっき》が多《おお》くおこった。（「地租改正反対一揆《ちそかいせいはんたいいっき》関係書類《かんけいしょるい》」三重県所蔵《みえけんしょぞう》）

殖産興業《しょくさんこうぎょう》

岩倉使節団《いわくらしせつだん》の視察旅行《しさつりょこう》で、外国《がいこく》のようすにおどろいた利通《としみち》は、日本《にほん》も経済的《けいざいてき》に豊《ゆた》かな国《くに》にならなければいけないと考《かんが》えました。そこで、産業《さんぎょう》を発展《はってん》させて富国強兵《ふこくきょうへい》をめざす、殖産興業政策《しょくさんこうぎょうせいさく》に取《と》り組《く》みました。

軽工業《けいこうぎょう》を内務省《ないむしょう》が、重工業《じゅうこうぎょう》を工部省《こうぶしょう》が担当《たんとう》し、官営模範工場《かんえいもはんこうじょう》の創設《そうせつ》などそれぞれの育成《いくせい》に力《ちから》を入《い》れました。農業《のうぎょう》も試験場《しけんじょう》や農学校《のうがっこう》をつくり、農業《のうぎょう》の近代化《きんだいか》をはかりました。そして、生産《せいさん》した品物《しなもの》を輸出《ゆしゅつ》するため、政府主導《せいふしゅどう》の輸出会社《ゆしゅつがいしゃ》の設立《せつりつ》もこころみました。

一八七七年《ねん》（明治《めいじ》十年《ねん》）には、東京《とうきょう》の上野公園《うえのこうえん》で第《だい》一回内国勧業博覧会《かいないこくかんぎょうはくらんかい》をひらきました。国内産業《こくないさんぎょう》の発展《はってん》を促進《そくしん》して魅力的《みりょくてき》な輸出品《ゆしゅつひん》をつくるために、生産品《せいさんひん》を展示《てんじ》して人《ひと》びとに披露《ひろう》するとともに、製法《せいほう》や品質《ひんしつ》などがすぐれているものには賞《しょう》をあたえました。

1871年《ねん》12月当時《がつとうじ》の廃藩置県下《はいはんちけんか》の日本地図《にほんちず》

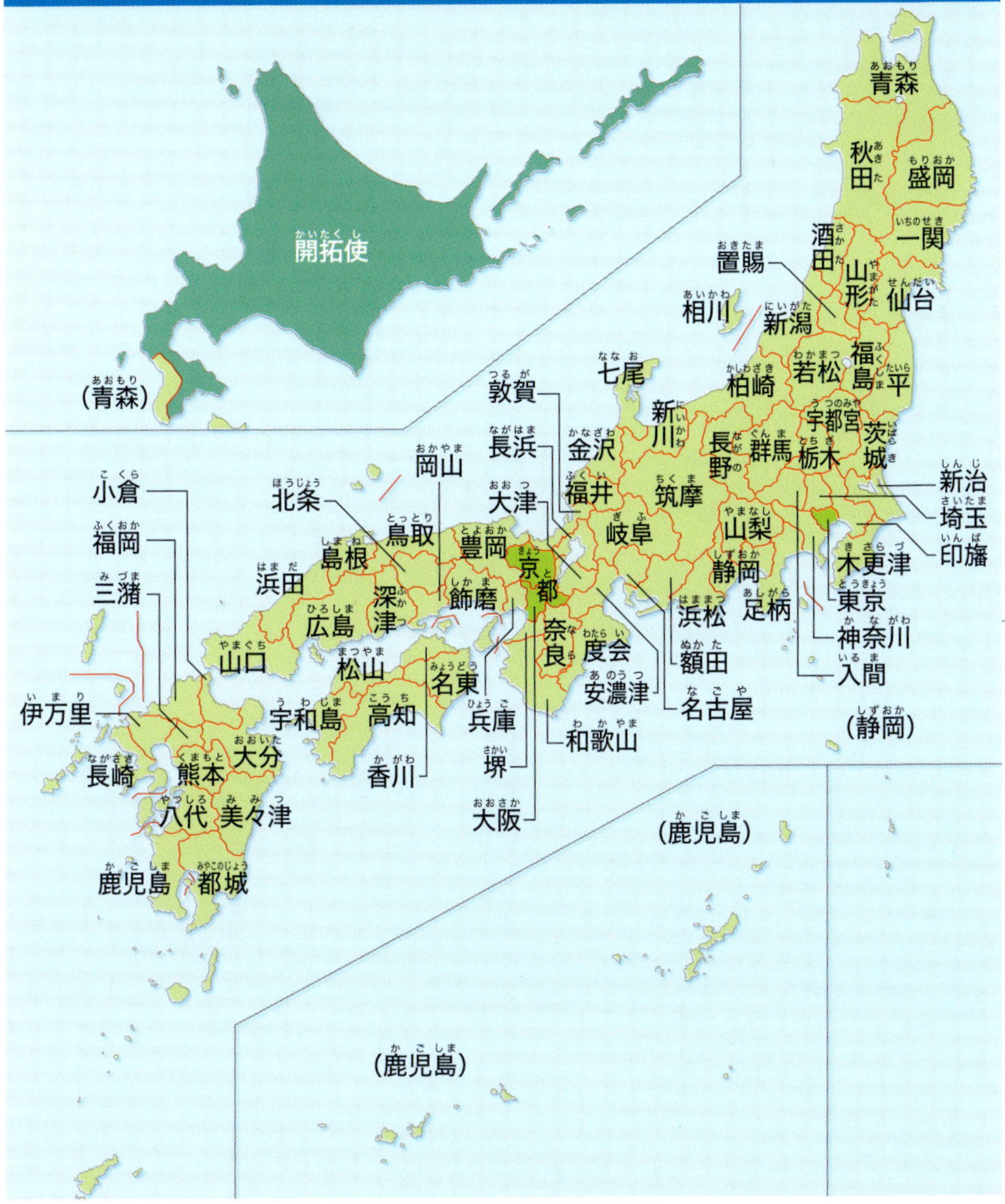

明治政府《めいじせいふ》は1871年《ねん》（明治《めいじ》４年《ねん》）中央集権《ちゅうおうしゅうけん》を強化《きょうか》するため、全国《ぜんこく》261の藩《はん》を廃止《はいし》、全国《ぜんこく》を３府《ふ》（東京《とうきょう》・京都《きょうと》・大阪《おおさか》）72県《けん》とした。北海道《ほっかいどう》は北海道開拓使《ほっかいどうかいたくし》の下《した》におかれた。

1877年《ねん》８月《がつ》に開催《かいさい》された初《はつ》の内国勧業博覧会《ないこくかんぎょうはくらんかい》のようす。日本《にほん》の技術《ぎじゅつ》を海外《かいがい》に宣伝《せん でん》することが目的《もくてき》だった。（写真提供《しゃしんていきょう》：上野観光連盟《うえのかんこうれんめい》）

博覧会《はくらんかい》の開場式《かいじょうしき》に明治天皇《めいじてんのう》、皇后両陛下《こうごうりょうへいか》の案内《あんない》をする利通《としみち》（左《ひだり》）。（「明治天皇紀附図《めいじてんのうきふず》　内国勧業博覧会行幸啓《ないこくかんぎょうはくらんかいぎょうこうけい》」宮内庁所蔵《くないちょうしょぞう》）

大久保利通《おおくぼとしみち》が生《い》きた明治時代《めいじじだい》

明治時代《めいじじだい》になると、日本《にほん》の宗教《しゅうきょう》にも大《おお》きな変化《へんか》がおとずれました。

明治時代《めいじじだい》の宗教《しゅうきょう》

明治時代《めいじじだい》がはじまったばかりのころ、新政府《しんせいふ》は宗教《しゅうきょう》で民衆《みんしゅう》をひとつにまとめようと考《かんが》えました。アメリカやヨーロッパの国《くに》ぐにが、キリスト教《きょう》を国教《こっきょう》として国《くに》をまとめているのを手本《てほん》にしようとしたのです。

キリスト教《きょう》は江戸時代《えどじだい》から幕府《ばくふ》に禁《きん》止《し》されており、ぎゃくに仏教《ぶっきょう》は保護《ほご》されていました。どちらも新《あたら》しい時代《じだい》にはふさわしくないと考《かんが》えられたので、新《あたら》しい国教《こっきょう》には**神道《しんとう》**が選《えら》ばれました。

神道《しんとう》は奈良時代《ならじだい》から仏教《ぶっきょう》とむすびついて発展《はってん》したため、政府《せいふ》は一八六八年《ねん》（慶応《けいおう》四年《ねん》）に**神仏分離令《しんぶつぶんりれい》**を出《だ》して、神道《しんとう》と仏教《ぶっきょう》をきりはなします。

この神仏分離令《しんぶつぶんりれい》によって、これまで寺《てら》や僧侶《そうりょ》にお布施《ふせ》を強制《きょうせい》されて苦《くる》しめられていた民衆《みんしゅう》が、寺《てら》や仏像《ぶつぞう》をうちこわす廃仏毀釈運動《はいぶつきしゃくうんどう》をおこしました。

また、明治政府《めいじせいふ》は同《おな》じ年《とし》にキリスト教禁止《きょうきんし》の高札《こうさつ》（民衆《みんしゅう》に法律《ほうりつ》などを知《し》らせるための札《ふだ》）を出《だ》して、あらためてキリスト教《きょう》を禁止《きんし》しました。しかしこれはキリスト教《きょう》の弾圧《だんあつ》であると西欧諸《せいおうしょ》国《こく》に批判《ひはん》されたため、一八七三年《ねん》（明《めい》治《じ》六年《ねん》）には撤廃《てっぱい》しました。

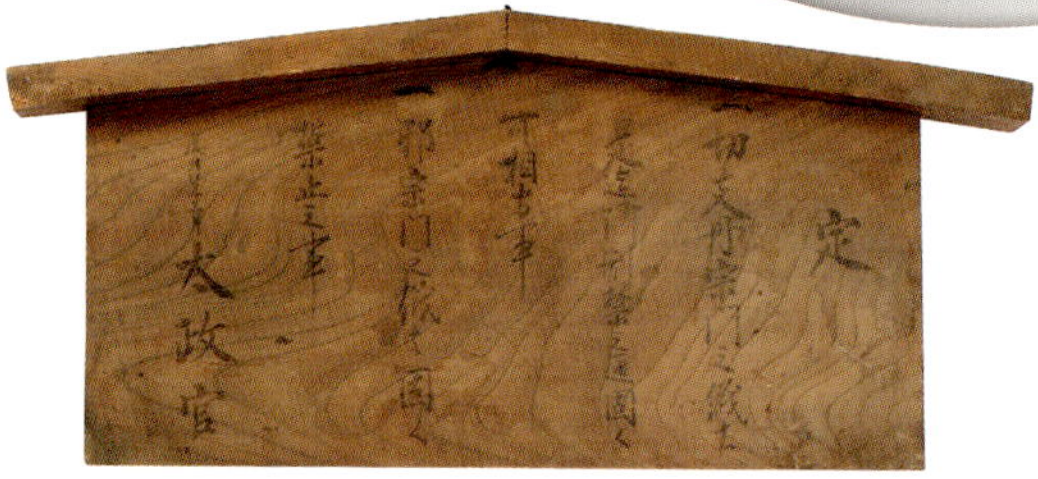

キリスト教《きょう》を禁止《きんし》した高札《こうさつ》。「キリスト教《きょう》を信仰《しんこう》することはこれまで通《どお》り禁止《きんし》する」とかいてある。（三島市所蔵《みしましょぞう》）

こわされた仏《ぶつ》像《ぞう》。廃仏毀釈運《はいぶつきしゃくうん》動《どう》で破壊《はかい》された龍光寺《りゅうこうじ》（鹿児島《かごしま》県出水市《けんいずみし》）のあと地《ち》から見《み》つかった。（鹿児島市立《かごしましりつ》ふるさと考古歴《こうこれき》史館所蔵《しかんしょぞう》）

大久保利通《おおくぼとしみち》とおなじ時代《じだい》に生《い》きた人《ひと》びと

西郷隆盛《さいごうたかもり》（一八二七〜一八七七年《ねん》）

薩摩藩《さつまはん》の武士《ぶし》の家《いえ》に生《う》まれる。藩主《はんしゅ》の島津斉彬《しまづなりあきら》にとりたてられて出世《しゅっせ》し、薩摩藩《さつまはん》の中心人物《ちゅうしんじんぶつ》となる。長州藩《ちょうしゅうはん》と同盟《どうめい》をむすび（薩長同盟《さっちょうどうめい》）、倒幕《とうばく》を進《すす》めた。明治時代《めいじじだい》には新政府《しんせいふ》の中心《ちゅうしん》となったが、征韓論《せいかんろん》で利通《としみち》と意見《いけん》が対立《たいりつ》したため、故郷《こきょう》にかえる。のちに、政府《せいふ》に不満《ふまん》をもつ士族《しぞく》たちといっしょに西南《せいなん》戦争《せんそう》をおこしてやぶれた。

東京《とうきょう》の上野恩賜公園《うえのおんしこうえん》にある西郷隆盛《さいごうたかもり》の銅像《どうぞう》。

島津久光《しまづひさみつ》（一八一七〜一八八七年《ねん》）

薩摩藩《さつまはん》の藩主《はんしゅ》の家《いえ》に生《う》まれる。兄《あに》・島津斉彬《しまづなりあきら》とのあとつぎ争《あらそ》いにやぶれるが、斉彬《なりあきら》がなくなって自分《じぶん》のむすこ・忠義《ただよし》が藩主《はんしゅ》になると藩《はん》の実権《じっけん》をにぎる。公武合体運動《こうぶがったいうんどう》の中心人物《ちゅうしんじんぶつ》となる。明治政府《めいじせいふ》では左大臣《さだいじん》となるが、政府《せいふ》の欧米化《おうべいか》をねらった開化政策《かいかせいさく》などに批判《ひはん》的《てき》な立場《たちば》をとり、鹿児島《かごしま》へもどった。

政府《せいふ》の開化政策《かいかせいさく》に反発《はんぱつ》。死《し》ぬまでまげを結《ゆ》い、刀《かたな》を身《み》につけた。（写真提供《しゃしんていきょう》：国立国会図書館《こくりつこっかいとしょかん》）

岩倉具視《いわくらともみ》（一八二五〜一八八三年《ねん》）

京都《きょうと》の公家《くげ》の家《いえ》に生《う》まれた政治家《せいじか》。はじめは公武合体《こうぶがったい》を進《すす》めていたが、大久保利通《おおくぼとしみち》らと王政復古《おうせいふっこ》の大号令《だいごうれい》を計画《けいかく》し、明治政府《めいじせいふ》では右大臣《うだいじん》となる。

一八七一年《ねん》（明治四年《めいじよねん》）には海外視察使節団《かいがいしさつしせつだん》の特命全権大使《とくめいぜんけんたいし》としてアメリカやヨーロッパの国《くに》ぐにをまわった。帰国後《きこくご》は国内《こくない》の政治《せいじ》や華族《かぞく》の地位《ちい》を守《まも》ることにつとめた。

朝廷側《ちょうていがわ》の実力者《じつりょくしゃ》として利通《としみち》らと協力《きょうりょく》しあった。（写真提供《しゃしんていきょう》：国立国会図書館《こくりつこっかいとしょかん》）

木戸孝允《きどたかよし》（一八三三〜一八七七年《ねん》）

幕末期《ばくまつき》に桂小五郎《かつらこごろう》の名前《なまえ》で長州藩《ちょうしゅうはん》の指導者《しどうしゃ》として活躍《かつやく》。吉田松陰《よしだしょういん》のもとで学《まな》んだのち、尊王攘夷運動《そんのうじょういうんどう》に参加《さんか》して薩長同盟《さっちょうどうめい》をむすんだ。明治政府《めいじせいふ》の中心《ちゅうしん》となり、利通《としみち》とともに版籍奉還《はんせきほうかん》や廃藩《はいはん》置県《ちけん》をおこなった。岩倉使節団《いわくらしせつだん》にも参《さん》加《か》したがのちに利通《としみち》と対立《たいりつ》。一度《いちど》、政《せい》権《けん》の中心《ちゅうしん》からはなれたが、のちに利通《としみち》と和解《わかい》して明治政府《めいじせいふ》にもどった。

西南戦争中《せいなんせんそうちゅう》になくなる。最後《さいご》まで隆盛《たかもり》の心配《しんぱい》をしていたという。（写真提供《しゃしんていきょう》：国立国会図書館《こくりつこっかいとしょかん》）

もっと知《し》りたい！　大久保利通《おおくぼとしみち》

明治維新《めいじいしん》がわかる施設《しせつ》や、大久保利通《おおくぼとしみち》ゆかりの場所《ばしょ》、大久保利通《おおくぼとしみち》についてかかれた本《ほん》などを紹介《しょうかい》します。

資料館《しりょうかん》　博物館《はくぶつかん》

史跡《しせき》　遺跡《いせき》

大久保利通《おおくぼとしみち》についてかかれた本《ほん》

鹿児島市維新《かごしましいしん》ふるさと館《かん》

幕末《ばくまつ》から明治維新《めいじいしん》にかけて、新《あたら》しい時代《じだい》の幕開《まくあ》けに力《ちから》をつくした大久保利通《おおくぼとしみち》や西郷隆盛《さいごうたかもり》の業績《ぎょうせき》、鹿児島《かごしま》の歴史《れきし》などを映像《えいぞう》や模型《もけい》などでわかりやすく紹介《しょうかい》している。

〒892－0846
鹿児島県鹿児島市加治屋町《かごしまけんかごしましかじやちょう》23－1
☎099－239－7700
http://www.ishinfurusatokan.info/

維新《いしん》ふるさと館《かん》は、大久保利通《おおくぼとしみち》や西郷隆盛《さいごうたかもり》が生《う》まれ育《そだ》った旧下加治屋町《きゅうしたかじやちょう》にある。(写真提供《しゃしんていきょう》：鹿児島市《かごしまし》)

生《お》い立《た》ちの地石碑《ちせきひ》

維新《いしん》ふるさと館《かん》の近《ちか》くにある大久保利通《おおくぼとしみち》の屋敷跡地《やしきあとち》にたてられた。同《おな》じ旧下加治屋町《きゅうしもかじやちょう》に、西郷隆盛《さいごうたかもり》の誕生《たんじょう》の地《ち》の石碑《せきひ》もある。

〒892－0846
鹿児島県鹿児島市加治屋町《かごしまけんかごしましかじやちょう》3

石碑《せきひ》に「大久保利通君誕《おおくぼとしみちくんたん》生之地《じょうのち》」とあるが、誕生《たんじょう》の地《ち》は向《む》こう岸《ぎし》の高麗町《こうらいちょう》。(写真提供《しゃしんていきょう》：鹿児島市《かごしまし》)

贈右大臣大久保公哀悼碑《ぞううだいじんおおくぼこうあいとうひ》

大久保利通《おおくぼとしみち》が暗殺《あんさつ》された紀尾井坂付近《きおいざかふきん》に同僚《どうりょう》の政府官僚《せいふかんりょう》らがたてた石碑《せきひ》。背面《はいめん》に利通《としみち》の功績《こうせき》をたたえる文《ぶん》がきざまれている。

〒102－0094
東京都千代田区紀尾井町《とうきょうとちよだくきおいちょう》2－1
清水谷公園内《しみずだにこうえんない》

1888年《ねん》(明治《めいじ》21年《ねん》)にたてられた。(写真提供《しゃしんていきょう》：千代田区観光協会《ちよだくかんこうきょうかい》)

大久保利通《おおくぼとしみち》の墓《はか》

東京《とうきょう》・青山霊園内《あおやまれいえんない》にある大久保利通《おおくぼとしみち》の墓《はか》。入口《いりぐち》に鳥居《とりい》があり、墓石《ぼせき》は大《おお》きく、高《たか》さ五メートルほどもある。

〒107－0062
東京都港区南青山《とうきょうとみなとくみなみあおやま》2－32－2
青山霊園内《あおやまれいえんない》

すぐとなりに、大久保利通《おおくぼとしみち》が暗殺《あんさつ》されたときにいっしょになくなった馬車《ばしゃ》の御者《ぎょしゃ》と馬《うま》の墓《はか》がある。

『西郷隆盛《さいごうたかもり》と大久保利通《おおくぼとしみち》　新《あたら》しい時代《じだい》、明治《めいじ》の礎《いしずえ》となって』

監修《かんしゅう》／酒寄雅志《さかよりまさし》　著《ちょ》／小西聖一《こにしせいいち》
理論社《りろんしゃ》　2005年《ねん》

おさないころからの親友《しんゆう》として、力《ちから》をあわせて新《あたら》しい時代《じだい》をきずいた薩摩藩《さつまはん》のふたりの活躍《かつやく》をわかりやすく解説《かいせつ》している。

さくいん・用語《ようご》解説《かいせつ》

阿部正弘《あべまさひろ》……23
井伊直弼《いいなおすけ》……23
板垣退助《いたがきたいすけ》……25
岩倉使節団《いわくらしせつだん》……24、27、29
岩倉具視《いわくらともみ》……24、29
江戸幕府《えどばくふ》（幕府《ばくふ》）……23、25、26、28
王政復古《おうせいふっこ》の大号令《だいごうれい》……23、24、29
大久保利世《おおくぼとしよ》……22
大蔵卿《おおくらきょう》……24
お由羅騒動《ゆらそうどう》……22
学制《がくせい》……24
▼一八七二年《ねん》に公布《こうふ》された法令《ほうれい》で、六さい以上《いじょう》の男女《だんじょ》すべてが小学校教育《しょうがっこうきょういく》をうけることをさだめた。
官営模範工場《かんえいもはんこうじょう》……27
紀尾井坂《きおいざか》……25
議定《ぎじょう》……24
木戸孝允《きどたかよし》（桂小五郎《かつらこごろう》）……26、29
キリスト教《きょう》……28
県令《けんれい》……26
公武合体《こうぶがったい》……23、29
▼朝廷《ちょうてい》と幕府《ばくふ》が協力《きょうりょく》して政治《せいじ》をおこなうこと。
西郷隆盛《さいごうたかもり》……22、23、24、25、29
佐賀《さが》の乱《らん》……25
薩長同盟《さっちょうどうめい》……29
薩摩藩《さつまはん》……22、23、29
参与《さんよ》……24
士族《しぞく》……25、29
島津忠義《しまづただよし》……23、29
島津斉彬《しまづなりあきら》……22、23、29
島津斉興《しまづなりおき》……22
島津久光《しまづひさみつ》……22、23、29
殖産興業《しょくさんこうぎょう》……27
神道《しんとう》……28
▼自然《しぜん》を神《かみ》として崇拝《すうはい》する、日本《にほん》にむかしからある信仰《しんこう》。「八百万《やおよろず》の神《かみ》」とよばれる数多《かずおお》くの神《かみ》がみがいる。仏《ぶっ》教《きょう》、儒教《じゅきょう》などから影響《えいきょう》をうけている。
神仏分離令《しんぶつぶんりれい》……28
▼古代《こだい》からいっしょに信仰《しんこう》されてきた神道《しんとう》と仏教《ぶっきょう》、神社《じんじゃ》と寺院《じいん》などを分《わ》けて信仰《しんこう》するようにさだめた法令《ほうれい》。
征韓論《せいかんろん》……24、25、29
精忠組《せいちゅうぐみ》……22、23
西南戦争《せいなんせんそう》……25、29
総裁《そうさい》……24
尊王攘夷《そんのうじょうい》……22、23、29
大政奉還《たいせいほうかん》……23
地券《ちけん》……26
地租改正条例《ちそかいせいじょうれい》……26
地租改正反対一揆《ちそかいせいはんたいいっき》……26
知藩事《ちはんじ》……26
長州藩《ちょうしゅうはん》……23、29
朝鮮《ちょうせん》……24
朝廷《ちょうてい》……23、26
徴兵令《ちょうへいれい》……24
▼一八七三年《ねん》に公布《こうふ》された、二十さいになった男子《だんし》に三年間《ねんかん》の兵役《へいえき》を義務《ぎむ》づけた法律《ほうりつ》。長男《ちょうなん》や大金《たいきん》をおさめた者《もの》などは免除《めんじょ》された。
倒幕《とうばく》……23、29
討幕《とうばく》の密勅《みっちょく》……23
徳川慶喜《とくがわよしのぶ》……23
内国勧業博覧会《ないこくかんぎょうはくらんかい》……27
内務卿《ないむきょう》……25
内務省《ないむしょう》……25、27
▼一八七三年《ねん》に設置《せっち》された、中央行政《ちゅうおうぎょうせい》をおこなう官庁《かんちょう》。警察《けいさつ》、地方行政《ちほうぎょうせい》、土木事業《どぼくじぎょう》など、国内《こくない》の行政《ぎょうせい》を統括《とうかつ》した。
年貢《ねんぐ》……26
廃藩置県《はいはんちけん》……24、26、29
廃仏毀釈《はいぶつきしゃく》……28
藩校《はんこう》……22
藩士《はんし》……22
版籍奉還《はんせきほうかん》……24、26、29
富国強兵《ふこくきょうへい》……27
府知事《ふちじ》……26
仏教《ぶっきょう》……28
明治政府《めいじせいふ》（政府《せいふ》）……24、25、26、27、28、29
明治六年《めいじねん》の政変《せいへん》……25
琉球館《りゅうきゅうかん》……22
老中《ろうじゅう》……23

■監修

安田　常雄（やすだ　つねお）

1946年東京都生まれ。東京大学大学院博士課程単位取得。経済学博士。神奈川大学大学院法律学部特任教授。歴史学研究会、同時代史学会などの会員。『日本ファシズムと民衆運動』（れんが書房新社）、『戦後経験を生きる』（共編、吉川弘文館）、『日本史講座（10）戦後日本論』（共編、東京大学出版会）など著書多数。

■文（2〜21ページ）

西本　鶏介（にしもと　けいすけ）

1934年奈良県生まれ。評論家・民話研究家・童話作家として幅広く活躍する。昭和女子大学名誉教授。各ジャンルにわたって著書は多いが、伝記に『心を育てる偉人のお話』全3巻、『徳川家康』、『武田信玄』、『源義経』、『独眼竜政宗』（ポプラ社）、『大石内蔵助』、『宮沢賢治』、『夏目漱石』、『石川啄木』（講談社）などがある。

■絵

篠崎　三朗（しのざき　みつお）

福島県生まれ。日本児童出版美術家連盟会員。教科書のアートディレクションも手がける。絵本に『あかいかさ』『おかあさん、ぼくできたよ』（ともに至光社）、『しんせつなかかし』（ウェンディ・イートン作、おびかゆうこ訳、福音館書店）など。挿絵に『世の中への扉　福島きぼう日記』（講談社）など児童書多数。

■主な参考図書

『日本の近代２　明治国家の建設 1871 〜 1890』著 / 坂本多加雄　中央公論社　1999 年
『廃藩置県　「明治国家」が生まれた日』著 / 勝田政治　講談社　2000 年
『目からウロコの近現代史　「激動の時代」の真実を読み解く！』著 / 河合敦　PHP 研究所　2000 年
『日本近代史概説』編 / 奥田晴樹　弘文堂　2003 年
『幕末維新の個性３　大久保利通』著 / 笠原英彦　吉川弘文館　2005 年
『山川　詳説日本史図録』（第３版）編 / 詳説日本史図録編集委員会　山川出版社　2010 年
『大久保利通　維新前夜の群像５』著 / 毛利敏彦　中央公論新社　1969 年
『大久保利通　明治維新と志の政治家』著 / 佐々木克　山川出版社　2009 年

企画・編集　こどもくらぶ
装丁・デザイン　長江　知子
ＤＴＰ　株式会社エヌ・アンド・エス企画

よんで しらべて 時代がわかる　ミネルヴァ日本歴史人物伝
大久保利通
——近代国家の建設につくした政治家——

2013年３月20日　初版第１刷発行　検印廃止

定価はカバーに表示しています

監修者　安田常雄
文　西本鶏介
絵　篠崎三朗
発行者　杉田啓三
印刷者　金子眞吾

発行所　株式会社 ミネルヴァ書房
607-8494　京都市山科区日ノ岡堤谷町１
電話 075-581-5191／振替 01020-0-8076

印刷・製本　凸版印刷株式会社

ISBN978-4-623-06422-9
NDC281/32P/27cm
Printed in Japan

日本の歴史年表

時代	年	できごと	このシリーズに出てくる人物
旧石器時代	四〇〇万年前〜	採集や狩りによって生活する	
縄文時代	一三〇〇〇年前〜	縄文土器がつくられる	
弥生時代	前四〇〇年ごろ〜	稲作、金属器の使用がさかんになる	卑弥呼
弥生時代	二五〇年ごろ〜	小さな国があちこちにできはじめる	
古墳時代	五九三	大和朝廷の国土統一が進む	
古墳時代（飛鳥時代）	六〇七	聖徳太子が摂政となる	聖徳太子 / 小野妹子
古墳時代（飛鳥時代）	六四五	小野妹子を隋におくる	中大兄皇子
古墳時代（飛鳥時代）	七〇一	大化の改新	
古墳時代（飛鳥時代）	七〇一	大宝律令ができる	
奈良時代	七一〇	都を奈良（平城京）にうつす	聖武天皇 / 鑑真
奈良時代	七五二	東大寺の大仏ができる	
平安時代	七九四	都を京都（平安京）にうつす	紫式部 / 清少納言
平安時代		藤原氏がさかえる	
平安時代		『源氏物語』ができる	
平安時代	一一六七	平清盛が太政大臣となる	平清盛
平安時代	一一八五	源氏が平氏をほろぼす	源義経
鎌倉時代	一一九二	源頼朝が征夷大将軍となる	源頼朝
鎌倉時代	一二七四	元がせめてくる	北条時宗
鎌倉時代	一二八一	元がふたたびせめてくる	
鎌倉時代	一三三三	鎌倉幕府がほろびる	
南北朝時代	一三三六	朝廷が南朝と北朝にわかれ対立する	足利義満
南北朝時代	一三三八	足利尊氏が征夷大将軍となる	
南北朝時代	一三九二	南朝と北朝がひとつになる	